AF199574

Selbsterkenntnis für Anfänger

Meditationen, Rituale, Traumreisen und mehr …

Kontakt: www.HarryEilenstein.de / Harry.Eilenstein@web.de

Impressum: Copyright: 2011 by Harry Eilenstein – Alle Rechte, insbesondere auch das der Übersetzung, vorbehalten. Kein Teil des Buches darf ohne schriftliche Genehmigung des Autors und des Verlages (nicht als Fotokopie, Mikrofilm, auf elektronischen Datenträgern oder im Internet) reproduziert, übersetzt, gespeichert oder verbreitet werden.

Herstellung und Verlag: BoD- Books on Demand, Norderstedt

ISBN: 9783750430808

Nichts ist einem näher als die eigene Mitte –
aber oft ist sie einem selber nicht besonders gut bekannt …

Inhaltsverzeichnis

Vorwort   **6**

I Der Entschluß   **7**

   1. Licht: Der Anlaß   7
      a) Präsent sein
   2. Feuer: Das Leben ändern wollen   8
      a) Schauen, fühlen, umarmen b) „It's my Life!"
   3. Luft: Die Suche nach einem Weg   8
      a) Informationen
   4. Wasser: Das Vertrauen in die Möglichkeit   9
      a) Gebet
   5. Erde: Der erste Schritt   9
      a) Das Entschluß-Ritual b) Der innere Schritt c) Der äußere Schritt

II Der erste Kontakt   **12**

   1. Licht: Identität finden   12
      a) Gesprächs-Hilfsmittel
   2. Feuer: Kraft finden   13
      a) Bitte an Michael b) Selbstschutz
   3. Luft: Klarheit finden   14
      a) Bitte an Raphael b) Das Horoskop c) Die Chakren
      d) Der nächste Schritt
   4. Wasser: Liebe finden   18
      a) Bitte an Gabriel b) Traumreise zur eigenen Mitte
   5. Erde: Gedeihen finden   19
      a) Bitte an Auriel b) Das Kleine Pentagramm-Ritual
      c) Die Mittlere Säule d) Entspannung

III Das Vertrautwerden   **24**

   1. Licht: Hier und Jetzt   24
      a) wach sein
   2. Feuer: Das eigene Handeln   24
      a) Das Auflösen von Hindernissen b) Die Sonne c) Die Kundalini
      d) Die beiden Begleiter der Seele e) Die drei Verbündeten
   3. Luft: Das eigene Denken   27
      a) Die Mitte des Horoskopes b) Die sieben Schritte des Lebens
      c) Die Biographie d) Die Familientradition

4. Wasser: Das eigene Fühlen   29
        a) Das Traumtagebuch   b) Die Traumreise zum Seelen-Tempel
        c) Die Reise zurück
5. Erde: Das eigene Wachsen   32
        a) Tiphareth   b) Die Mitte des Hexagrammms
        c) Die Seelen-Aufstellung   d) Das Gehen

IV Das Vertiefen   **34**
1. Licht: Selbstausdruck   34
        a) Die Sonnenanrufung   b) Die Sonnenmeditation
        c) Der Wunschzettel   d) Die Schutzgottheit   e) Gott
2. Feuer: Tatkraft   36
        a) Egoismus   b) Tummo, Bindhu und Sonne
        c) Die Trauma-Auflösung   d) Der Feuerlauf
3. Luft: Erkenntnisse   39
        a) Das Gespräch mit den Erzengeln   b) Die Planetenrunde
        c) Die innere Familie   d) Richtigkeit
4. Wasser: Verbundenheit   40
        a) Gefühle und ihre Verwandlungen   b) Reinkarnation
        c) Die Herz-Meditation   d) Die Stille-Meditation
5. Erde: Erdung   43
        a) Das Beziehungs-Mandala   b) Der innere Mann und die innere Frau
        c) Die Einweihungsrituale des Golden Dawn   d) Barfuß gehen
        e) Yoga und Sport   f) Der Gärtner

V Das Strahlen   **46**
1. Licht: Der Lebenstanz   46
2. Feuer: Entfaltung   46
3. Luft: Das Lebenslied   46
4. Wasser: Die Selbstliebe   47
5. Erde: Leben   47

Bücher-Verzeichnis   48

<u>Vorwort</u>

Ein Buch über die Selbstfindung zu schreiben ist eine heikle Angelegenheit – einfach weil die Menschen so verschieden sind und sich selber und die Welt so unterschiedlich sehen.

Aus der Sicht fast aller Menschen sind fast alle anderen Menschen ein bißchen komisch …

Wenn man mit einem Menschen zusammensitzt und sich unterhält, zusammen meditiert oder gemeinsam Rituale durchführt, kann man schauen, wer der andere wohl sein mag. Dann kann man etwas gezielter Vorschläge machen.

In einem Buch kann man eigentlich nur beschreiben, was es alles an Möglichkeiten gibt, sich selber zu finden. Doch selbst dann ist das, was man an Möglichkeiten beschreiben kann, noch immer subjektiv – schließlich sind diese Möglichkeiten nur die, die man bereits selber gefunden, ausprobiert und für brauchbar erachtet hat.

Somit kann man in diesem Buch zwar eine Menge an Anregungen finden, aber kein allgemeingültiges Rezept, wie man zu der eigenen Mitte findet.

Immerhin ist das Bedürfnis, die eigene Mitte zu erkennen und das eigene Leben zu leben, recht weit verbreitet – fast jeder möchte der Kapitän auf dem eigenen Schiff sein, das auf dem Meer des Lebens segelt.

Dazu gehört neben dem Licht der Selbsterkenntnis auch das Feuer des Mutes, die Luft der Klarheit, das Wasser der Liebe und die Erde des Gedeihens. Daher ist jedes Kapitel dieses Buches in die vier Elemente und in die Quintessenz aufgeteilt – in der Hoffnung, daß sich auf diese Weise für möglichst viele Menschen etwas Brauchbares in diesem Buch findet.

Die fünf Kapitel dieses Buches sind eine allmähliche Steigerung der Intensität, Schritte auf dem Weg zu sich selber zu gehen. Sie entsprechen auch in etwa der fünfteiligen „Übung der Mittleren Säule". Diese fünf Kapitel sind „Entschluß – Kontakt – Vertrautwerden – Vertiefen – Strahlen".

Das bedeutet natürlich keineswegs, daß man die vorgeschlagenen Betrachtungen, Meditationen, Rituale, Traumreisen usw. in dieser Reihenfolge durchführen muß – man sollte schauen, was einen anspricht und auf was man neugierig ist.

Auch wenn andere Menschen über ihre Erfahrungen berichten können und anderen Vorschläge machen können, muß doch jeder seinen Weg selber finden …

I Der Entschluß

Jede Handlung beginnt mit einem Entschluß – sofern es kein reiner Reflex ist. Aber jeder Entschluß hat eine Vorgeschichte, aus der heraus er entsteht.

Das gilt auch für die Suche nach sich selber.

I 1. Licht: Der Anlaß

Eine Handlung soll etwas verändern. Also entstehen Handlungen in Situationen, in denen entweder etwas schmerzt oder in denen etwas lockt. Leider ist in den meisten Fällen die Angst vor Schmerz die Motivation und nicht die Hoffnung auf Freude.

Das könnte kreativer sein – und das Wiederfinden der eigenen Mitte ist eine große Hilfe dabei, das Leben wieder mehr an dem Hingehen zum Licht als an dem Fortlaufen von den Schatten zu orientieren.

Dieses Gefühl, daß etwas nicht stimmt oder daß in einem Bereich die Möglichkeiten noch nicht ausgeschöpft sind, ist der Anfang der Handlung. Um zu dem Entschluß zu gelangen, sich auf die Suche nach sich selber zu begeben, muß schon ein großer Schmerz, eine große Depression oder eine große Hoffnung im eigenen Leben sein … sonst würde man kein solch großes Vorhaben in Betracht ziehen.

Vielleicht ist man aber auch nur neugierig – was durchaus eine solide Motivation ist. Oder man hat eine Intuition, aus der heraus man sich auf den Weg zur eigenen Mitte macht.

I 1. a) Präsent sein

Setzen Sie sich einfach mal hin und seinen Sie ganz da – bei sich daheim im Sessel, am Ufer eines Flusses oder auf der Bank unter einer alten Eiche.

Wie fühlen Sie sich? Worauf freuen Sie sich? Was fürchten Sie? Wer sind Sie? Wie geht es Ihrem Körper? Wie sieht es mit Beziehungen aus? Mit Ihrer Gesundheit? Mit ihrem Beruf? Mit dem Geld?

Stellen Sie sich ein paar Fragen und schauen Sie, was die Antworten sind. Und dann lassen Sie die Fragen sein und schauen Sie einfach nur – in sich selbst hinein, in die Welt vor ihnen … und fühlen sie, was dort ist …

I 2.   Feuer: Das Leben ändern wollen

Schmerz zu spüren oder Freude zu ahnen reicht nicht für einen Entschluß aus. Man muß sich diesen Gefühlen auch stellen: „Das sind meine Gefühle."

Wenn man diese Gefühle hingegen zur Seite schiebt und verdrängt, geschieht nichts – dann macht man sich nicht auf den Weg zu sich selber.

I 2. a)   Schauen, fühlen, umarmen

Beginnen Sie wieder damit, beim Dasitzen zu schauen, was in ihrem Leben gerade los ist und das, was gerade los ist, auch zu fühlen. Schauen Sie dann, was das wichtigste, drängendste Gefühl ist.

Stellen Sie sich vor, Sie stehen als Sie selber mit diesem Gefühl vor sich – wie alt ist dieses „Gefühls-Ich"? So alt wie Sie selber? In der Pubertät? Ein kleines Kind?

Nehmen dieses „Gefühls-Ich" liebevoll in den Arm – so wie ein kleines Kind, das weint, weil es sich weh getan hat.

I 2. b)   „It's my Life!"

Sagen Sie sich immer wieder, wenn etwas Besonderes passiert oder einfach dann, wenn Sie gerade daran denken: „Es ist mein Leben."

Diese sehr schlichte Meditation macht wach, sie macht präsent, sie hilft aus dem Alltagstrott herauszukommen, den vegetativen Dämmerzustand zu verlassen, wirklich da zu sein …

Dann wird man nach einer Weile wahrscheinlich richtig leben wollen.

I 3.   Luft: Die Suche nach einem Weg

Niemand bewegt sich, wenn er keinen Weg sieht. Die Wahrnehmung des Schmerzes und der Entschluß, sich den Schmerz anzusehen, reichen nicht aus. Man braucht eine Idee, wie man die Situation ändern könnte.

Hier ist der Verstand gefragt: Welche Möglichkeiten gibt es? Und welche Möglichkeiten sehen vielversprechend aus?

I 3. a) Informationen

Fragen Sie Freunde, lesen Sie Bücher, machen sie Seminare oder eine Therapie – und vor allem: Nehmen Sie sich Zeit, selber über die Situation nachzudenken, die Sie bedrückt.

Kennen Sie das nur allzu gut? Was haben Sie schon probiert? Was wäre mal ein völlig anderes Verhalten in dieser Situation?

Wünschen Sie sich ein Omen, einen Hinweis, einen guten Rat herbei.

I 4. Wasser: Das Vertrauen in die Möglichkeit

Nun gibt es bereits den Schmerz, das Betrachten des Schmerzes und einen möglichen Weg. Nun wird das Vertrauen gebraucht, daß man diesen Weg auch gehen kann, daß dieser Weg auch für einen selber möglich ist.

Hier braucht man Vertrauen in sich selber – und Vertrauen in die Welt. Dieses Vertrauen in die Welt kann sich auf eine Gottheit richten, auf das Leben selber, auf die Vorsehung und noch auf einiges andere.

Man braucht einen Rückhalt.

I 4. a) Gebet

Setzen Sie sich still hin und wenden Sie sich an Ihre Seele, an Christus, an Buddha, an Isis, an das Leben – an wen auch immer. Bitten Sie um Hilfe und halten Sie Herz, Augen und Hände auf.

I 5. Erde: Der erste Schritt

Jeder Weg beginnt mit dem ersten Schritt. Dieser erste bzw. dieser nächste Schritt ist immer der wichtigste aller Schritte – ihn muß man gehen.

Wenn man seine Gefühle gesehen hat, sie als die eigenen angeschaut hat, nach einem Weg gesucht und zusätzlich auch noch Vertrauen gefunden hat, muß man nun auch losgehen – sonst geschieht nichts.

I 5. a)   Das Entschluß-Ritual

Es hilft, einen Beschluß formal zu fassen. Das braucht keine große Zeremonie zu sein, aber man sollte schon schauen, welche Form am passendsten ist.

Was will ich? Welcher Zeitpunkt fühlt sich gut an? Welcher Ort paßt gut? Will ich eine bestimmte Kleidung tragen? Will ich bestimmte Statuen, Symbole o.ä. dabei haben?

Das wichtigste ist ein Zeuge. Wenn man ein Ritual alleine durchführt, besteht die Gefahr, daß es „innen bleibt". Wenn man einen Zeugen dabei hat, ist das Ritual und auch der Entschluß „außen" – der Entschluß wird durch den Zeugen geerdet.

Das Ritual selber ist sehr schlicht:

- Laden Sie eine oder mehrere Gottheiten ein, falls Sie sie dabei haben wollen.
- Laden Sie ihre Seele, Ihre Mitte ein – sie ist das, wonach Sie suchen (sonst würden Sie vermutlich nicht dieses Buch lesen).
- Sagen Sie, was Sie wollen. Formulieren Sie Ihren Entschluß so, wie er für Sie stimmt – das ist das einzig wichtige.

Es gibt auch traditionelle Formeln für diesen Entschluß, die eigene Seele zu finden, die eigene Mitte, das Höhere Selbst oder wie auch immer man dieses Zentrum nennen möchte, aber ein selber formulierter Entschluß ist lebendiger.

I 5. b)   Der innere Schritt

Es ist in vielen Fällen sinnvoll, den Entschluß lebendig zu halten, d.h. sich immer wieder bewußt zu machen, was man will und warum man es will. Dafür genügt oft ein kurzes Innehalten am Morgen, bei dem man sich selber spürt und auch das, was man will, sowie das, was man sich von dem heutigen Tag erhofft – das ist ein kurzes Besinnen auf sich selber.

Natürlich kann man die eigene Richtung aufgrund von Erlebnissen oder Erkenntnissen auch immer wieder einmal ändern und dafür auch den eigenen Beschluß so abwandeln, sodaß er wieder „stimmt".

I 5. c) Der äußere Schritt

Der wesentliche Punkt ist der äußere Schritt: Was macht man konkret in der Welt, um dahin zu kommen, wo man hin will? Man muß nicht den ganzen Weg kennen, aber man muß einen Schritt tun und dann schauen, was der nächsten sinnvolle Schritt sein könnte.

II   Der erste Kontakt

Das Finden der eigene Mitte beginnt mit einem ersten Kontakt – wie auch immer dieser Kontakt aussehen mag.

II 1.   Licht: Identität finden

Sie können sich hinsetzen und Ihre eigene Seele bitten, sich zu zeigen – als inneres Bild, als innere Stimme, als ein Zeichen im Außen, als eine Eingebung – wie auch immer. Sie können sie auch bitten, Sie zu führen – das sollte man so machen, wie es sich gut anfühlt.

Sie können auch ein inneres Gespräch mit Ihrer Seele beginnen und schauen, was als Antwort kommt. Das Ziel dieses Gespräches ist naturgemäß das Erkennen Ihrer eigenen Identität.

II 1. a)   Gesprächs-Hilfsmittel

Wenn Sie möchten, können Sie anfangs auch ein Pendel, automatisches Schreiben, Tarotkarten u.ä. als Hilfsmittel dafür benutzen, um in ein Gespräch mit Ihrer Seele zu kommen.

Dabei sind jedoch zwei Punkte zu beachten: Zum einen sollte man danach streben, nach und nach ohne diese Hilfsmittel auszukommen und die eigene Seele direkt wahrzunehmen, und zum anderen sollte man bei allem, was man auf diese Weise wahrnimmt, vorsichtig sein und das, was man innerlich gehört oder gesehen hat, erst einmal prüfen, bevor man es glaubt oder umsetzt.

Die Seele ist der Drehbuchautor und man selber der Regisseur – die Seele ist der Unternehmer und man selber der Geschäftsführer ... aber man hat trotzdem die Verantwortung für die Gestaltung des eigenen Lebens – und diese Verantwortung sollte man nicht aus der Hand geben.

Die innere Stimme der Seele ist sehr bereichernd, aber man sollte sich immer bewußt darüber sein, daß man ja zunächst einmal nicht weiß, wer das ist, der da in einem gesprochen hat: die eigene Seele oder eine Angst, eine Sucht, ein altes Trauma ...

Man sollte sein Urteilsvermögen nicht an der Garderobe abgeben, wenn man sich zum Meditieren hinsetzt.

II 2.   Feuer: Kraft finden

Um einen Weg zu gehen, braucht man Entschlossenheit, Mut und Kraft – drei Feuer-Qualitäten.

II 2. a)   Bitte an Michael

Man kann sich an den Feuer-Erzengel Michael wenden, um diese drei Eigenschaften zu erhalten bzw. in sich selber zu fördern. Man kann sich auch direkt an das Feuer wenden, wenn einem das sympathischer ist. Falls man in einer bestimmten Mythologie zuhause ist, kann man sich auch an eine der Feuer-Gottheiten aus dieser Mythologie wenden: an den nordgermanischen Feuergott Loge, an die ägyptische Löwengöttin Sachmet, an den indischen Ekstase- und Meditationsgott Shiva usw.

Sprechen Sie Michael (oder die von Ihnen ausgewählte Gottheit) innerlich an und bitten Sie sie um das, was Sie sich von ihr wünschen. Hören und schauen Sie, was Sie als Antwort erhalten. Fragen Sie ruhig weiter – es darf sich gerne ein Gespräch daraus ergeben …

Und schauen Sie dem Feuer-Erzengel Michael bei dem Gespräch in die Augen.

II 2. b)   Selbstschutz

Können Sie Ihren Umraum schützen? Das ist im Leben ein wichtiger Punkt … Sie können dazu ein Spiel zu zweit machen:

> 1. Versuch: A steht mit geschlossenen Augen da. B geht langsam und leise auf A zu. A sagt, wenn er das Gefühl hat, daß B in seinen Raum hineinkommt.
> Dasselbe wird wiederholt, während A mit dem Rücken zu B steht, dann mit der rechten Seite zu dem herannahenden B und dann mit der linken Seite.

> 2. Versuch: A steht mit offenen Augen da. B geht langsam auf A zu. A sagt „Stop!" o.ä., wenn B ihm zu nahe kommt. Wenn das „Stop!" überzeugend klingt, bleibt B stehen – wenn es nicht überzeugend klingt, geht B einfach weiter …

Um mehr Standfestigkeit zu erlangen, kann sich A einen Tiger vor sich vorstellen, eine Eiche hinter sich, eine Gottheit um Hilfe bitten usw.

Das Ziel ist es, das Gefühl für den eigenen Raum zu erlangen und zu erkennen, wie man ihn im normalen Alltag schützen kann.

II 3.   Luft: Klarheit finden

Um den eigenen Weg gehen zu können, ist auch Klarheit ausgesprochen nützlich – das ist eine Luft-Qualität. Man kann statt „Klarheit" auch „Wahrheit", „Erkenntnis", „Richtigkeit" oder etwas ähnliches sagen, wenn das einem mehr entspricht.

II 3. a)   Bitte an Raphael

Setzen Sie sich hin und bitten sie innerlich den Luft-Erzengel Raphael um Klarheit, Wahrheit, Erkennen usw. Beginnen Sie ein Gespräch mit ihm. Schauen Sie, wie er aussieht. Geht von ihm ein Duft aus? Hören Sie einen Klang? Vor welchem Hintergrund sehen Sie ihn?
Dabei ist es natürlich hilfreich, wenn man schon ein bißchen Übung mit Meditationen, Traumreisen, Familienaufstellungen, automatischem Schreiben, Pendeln oder etwas ähnlichem hat.
Und blicken Sie Raphael in die Augen!

II 3. b)   Das Horoskop

Rechnen Sie ihr eigenes Horoskop aus und zeichnen Sie es. Deuten Sie es sich selber oder lassen Sie es sich deuten. Versuchen sie, die Grundprinzipien eines Horoskops zu verstehen.
Das Geburts-Horoskop eines Menschen beschreibt dessen Lebensstil. Das ist nicht die Seele selber, aber immerhin das Gewand, das sie sich in ihrer derzeitigen Inkarnation angezogen hat.

Ein Horoskop besteht aus mehreren Elementen, die man unterscheiden können sollte, wenn man sein eigenes Horoskop verstehen will:

- Der Aszendent ist das Bühnenbild, also die Art und Weise, wie man die Welt sieht und wie man sich in ihr bewegt.

- Die Planeten sind die Schauspieler des eigenen Lebensdramas: der Mond ist das Kind, der Merkur der Schüler, die Venus die Jugendliche, die Sonne der König, der Mars der Krieger, der Jupiter der Manager, der Saturn der Bewahrer, der Uranus der Erfinder, der Neptun der Künstler und der Pluto der Zauberer.

- Jeder dieser Schauspieler erhält eine Rolle – das ist das Tierkreiszeichen, in dem er steht: der spontane Widder, der genießende Stier, der neugierige Zwilling, der sensible Krebs, der egozentrische Löwe, die sorgfältige Jungfrau, die schöngeistige Waage, der provozierende Skorpion, der idealistische Schütze, der beständige Steinbock, der weltoffene Wassermann und die träumerischen Fische.

- Jeder Schauspieler erhält auch einen Ort auf der Bühne – das sind die astrologischen Häuser: 1. Hier und Jetzt, 2. Küche, 3. Treffpunkt, 4. Schlafzimmer, 5. Königssaal, 6. Werkstatt, 7. Wohnzimmer, 8. Schlachtfeld, 9. Aussichtsturm, 10. Büro, 11. Vereinslokal und 12. Dorfplatz.

- Das Schauspiel selber wird durch die Verhältnisse zwischen den Schauspielern bestimmt – das sind die astrologischen Aspekte: die Konjunktion ist wie eine Ehe, das Trigon ist wie eine Freundschaft, das Sextil ist wie eine Bekanntschaft, die Opposition ist ein schwingender Ergänzungs-Gegensatz, das Quadrat ist eine weitende Zeltstange, das Quincunx ist ein endloses immer-wieder-neu-Fassen, das Halbsextil ist der Drang zur Weiterentwicklung, und dann gibt es noch Planeten ohne Aspekte, die ein Solo aufführen.

- Weiterhin gibt es noch den Regisseur des Schauspiels – das ist das Ich, das dafür sorgen muß, daß das Schauspiel ein gutes Niveau bekommt.

- Und wenn der Regisseur einmal nicht mehr weiter weiß, kann er sich an den Drehbuchautor wenden – das ist die eigene Seele (dieser Fall ist das, worum es in diesem Buch geht).

Man kann sein eigenes Horoskop ein Leben lang immer besser verstehen – und ebenso die Horoskope und den Lebensstil von anderen Menschen. Es ist gut, zumindestens eine solide Grundlage in der Astrologie zu haben, da man dann den eigenen Stil besser versteht – und weil man dann versteht, wie sehr anders die anderen Menschen sind …

Diese zweite Erkenntnis hilft dabei, nicht mehr andere nachahmen zu wollen bzw. andere zu den eigenen Ansichten bekehren zu wollen. Beides ist ausgesprochen hilfreich, wenn man zu sich selber finden will.

II 3. c)   Die Chakren

Die sieben Hauptchakren entstehen durch das Strahlen der Seele: Das Herzchakra ist der „Tempel der Seele", die drei Chakren unter ihm strahlen in den Körper hinein und die drei Chakren über ihm strahlen in die Welt hinein.

Im Herzchakra liegt die Identität – es ist die eigene Mitte, das Zentrum, das Tiefschlaf-Bewußtsein, es ist die eigene innere Sonne.

Unter diesem „Sonnenchakra" sind die „Strahlen" des Sonnengeflechts: der körperliche Selbstausdruck, die in den Körper hinein gerichteten Impulse, das Unterbewußtsein, die körperlichen Gefühle.

Über diesem „Sonnenchakra" sind die „Strahlen" des Halschakras: der soziale Selbstausdruck, die in die Welt hinein gerichteten Impulse, das Unterbewußtsein, die sozialen Gefühle.

Unter dem Sonnengeflecht sind die Formen des Haras: der innere Halt, die inneren Formen, das Wachbewußtsein, der Standpunkt, die Gedanken.

Über dem Halschakra sind die Formen des Dritten Auges: der äußere Halt, die äußeren Formen, das Wachbewußtsein, die Orientierung, die Gedanken.

Unter dem Hara ist das Erleben des Wurzelchakras: der körperliche Kontakt, die körperliche und sexuelle Ekstase.

Über dem Dritten Auge ist das Erleben des Scheitelchakras: der geistige Kontakt, die geistige und meditative Ekstase.

Es ist sinnvoll, einmal darauf zu achten, ob man eines dieser Chakren überbetont – ob man dort Schmerzen hat, ob der Körper dort besonders dick wird, ob man dort Druck spürt, ob man fast alle Situationen mithilfe der Qualitäten eines einzigen dieser sieben Chakren zu lösen versucht.

Es können markante Einseitigkeiten auftreten:

- bei Mangelgefühlen:
    - Lebenskraftstau im Wurzelchakra und Lebenskraftmangel im Scheitelchakra: Süchtiger
    - Lebenskraftstau im Scheitelchakra und Lebenskraftmangel im Wurzelchakra: Asket

- bei Macht-Konflikten:
    - Lebenskraftstau im Hara und Lebenskraftmangel im Dritten Auge: Täter
    - Lebenskraftstau im Dritten Auge und Lebenskraftmangel im Hara: Opfer

- bei Selbstwertproblemen:
    - Lebenskraftstau im Sonnengeflecht und Lebenskraftmangel im Halschakra: Star
    - Lebenskraftstau im Halschakra und Lebenskraftmangel im Sonnengeflecht: Fan

Der Idealzustand ist das Gleichgewicht an Lebenskraft in den drei Chakra-Paaren, also in den sechs äußeren Chakren, denn dann strahlt die Identität im Herzchakra in Selbstliebe nach außen. Dann wird sie im Sonnengeflecht und im Halschakra zu Selbstausdruck, anschließend im Hara und im Dritten Auge zu Kraft und schließlich im Wurzelchakra und im Scheitelchakra zu dem Erleben von Fülle.

II 3. d)   Der nächste Schritt

Haben Sie schon einmal eine Familienaufstellung mitgemacht? Dann gibt es ein praktisches Werkzeug, daß man jederzeit und für viele Dinge anwenden kann: Da bei jedem Weg, den man gehen will, der nächste Schritt das Wesentliche ist, kann man ihn mithilfe einer kleinen Aufstellung klarer erkennen.

Diese Aufstellung besteht aus fünf Positionen, auf die man sich nacheinander stellt und schaut, was man dort spürt, sieht und hört. Diese fünf Positionen sind wie die Punkte auf dem Würfel bei der „5" angeordnet.

„Der nächste Schritt"-Aufstellung		
	5. Das Ziel	
3. Das Hindernis	2. Der nächste Schritt	4. Die Hilfe
	1. Der Ausgangspunkt	

Man stellt sich auf den Ausgangspunkt und schaut, wie sich die augenblickliche Lage anfühlt.

Dann geht man zum Ziel und schaut, wie sich dies anfühlt.

Dann kehrt man zum Ausgangspunkt zurück und geht von dort zur Mitte und spürt dem nächsten sinnvollen Schritt nach.

Wenn man ihn erkannt hat, geht man zu Punkt 3 und schaut, was bisher verhindert hat, daß man den anstehenden nächsten Schritt getan hat.

Auf Punkt 4 findet man die Hilfe, die es einem ermöglicht, das Hindernis aufzulösen und den nächsten Schritt zu gehen.

Schließlich kehrt man noch einmal zu Punkt 5, zu dem Ziel zurück. Diese Qualität nimmt man in sich auf, bevor man die Aufstellung wieder auflöst.

II 4.   Wasser: Liebe finden

Um den eigenen Weg gehen zu können, ist auch Liebe sehr förderlich: Liebe zu sich selber, Liebe zu anderen, Liebe von anderen … man muß seinen Weg nicht alleine gehen.

II 4. a)   Bitte an Gabriel

Setzen Sie sich hin und sprechen Sie innerlich den Wasser-Erzengel Gabriel an. lauschen Sie … schauen Sie … spüren Sie … Was nehmen Sie wahr? Vielleicht ein Gefühl? Oder einen Impuls?

Nehmen Sie erst einmal alles, was kommt, einfach an und betrachten Sie es. Antworten Sie darauf oder stellen Sie eine neue Frage oder bitten Sie um etwas, um Liebe in ihrem Leben …

Das Untersuchen der Antworten und das Beurteilen der Antworten sowie das Beschließen, was man als nächstes tun will, kommt erst nach der Meditation, nach der Traumreise. Währenddessen stört das sonst nur die Wahrnehmung.

Und schauen Sie Gabriel in die Augen – sonst verpassen Sie das Beste.

II 4. b)   Traumreise zur eigenen Mitte

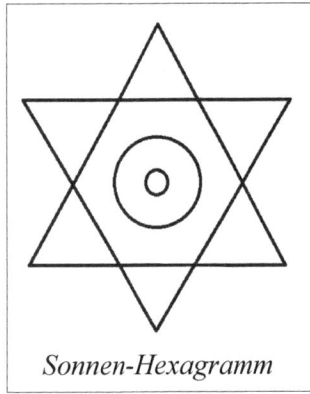

Sonnen-Hexagramm

Bei der Traumreise zur eigenen Mitte kann man verschiedene Symbole als Tür benutzen, durch die man am Anfang der Traumreise geht, um zu definieren, wohin die Traumreise führt. Das Hexagramm mit der Sonne im Zentrum führt meiner Erfahrung nach zu den ausgewogendsten Visionen.

Andere mögliche Symbole für die Traumreise zur eigenen Mitte sind z.B. das indogermanische Sonnensymbol (Kreis mit einem Kreuz in ihm: ⊗) und das chinesische Kien-Symbol („Himmel" im I Ging: ☰).

Auf dieser Traumreise wandert man zur Mitte der Landschaft o.ä., in die man durch das Tor mit dem Hexagramm gekommen ist.

Die Mitte kann man daran erkennen, daß sie in der Mitte ist: eine Wegkreuzung, ein Tempel, ein Berg, eine Insel, ein See usw. Dort findet sich dann eine Gestalt, ein Licht, eine Sonne, eine Kugel, einen goldener Kelch, einen Edelstein o.ä. Das ist die

Gestalt, die die Seele angenommen hat, um ihre Qualität dem Traumreisenden (also ihrer derzeitigen Inkarnation, d.h. Ihnen) verständlich zu machen.

Gehen Sie immer wieder zu diesem Ort und sprechen Sie dort mit ihrer Seele – am besten über längere Zeit täglich. Fragen Sie sie, ob sie Ihnen etwas sagen oder zeigen möchte.

Und fragen Sie sie, ob Sie mit Ihrem Bewußtsein in sie hineinkommen dürfen. Lassen Sie sich Zeit zu spüren, wie sich das anfühlt.

Es ist sehr hilfreich, aber nicht unbedingt notwendig, diese Traumreise mit jemandem zusammen zu machen, der seine Seele bereits gefunden hat.

II 5.   Erde: Gedeihen finden

Letztlich mündet alles, was man für den Weg zu sich selber braucht, in Gedeihen, in Wohlergehen, in Freude, in Wachstum, in Selbst-Erleben.

II 5. a)   Bitte an Auriel

Setzen Sie sich hin, sammeln Sie sich innerlich und sprechen Sie zu dem Erd-Erzengel Auriel. Fragen Sie ihn etwas, lassen Sie sich etwas zeigen, bitten Sie ihn um Gedeihen.

Und wie gesagt – schauen Sie Auriel in die Augen.

II 5. b)   Das Kleine Pentagramm-Ritual

Das Kleine Pentagramm-Ritual ist ein Schutzritual und ein Ritual zum Erlangen von Lebenskraft. Es ist wie folgt aufgebaut:

- Kabbalistisches Kreuz: Zentrierung
- Kreis: Schutz
- Pentagramme: Schutz, Anrufung der Elemente
- Erzengel-Anrufung: Anrufung der Elemente
- Kabbalistisches Kreuz: Zentrierung

1. Kabbalistisches Kreuz: „*Ateh Malkuth ve-Geburah ve-Gedulah le-Olam Amen.*"

2. Mit dem Zeige- und Mittelfinger der rechten Hand das Zeichnen des Kreises auf dem Boden andeuten und dabei den Kreis imaginieren – zweimal wiederholen; dabei wird der Kreis dabei jedesmal deutlicher.

3. Ziehe mit der Hand (Geste und Imagination) das östliche Pentagramm (ein aufrechtes Pentagramm, das mit einer Spitze nach oben und mit zwei Spitzen nach unten weist; man beginnt von links unten nach oben Mitte, weiter nach rechts unten, nach links Mitte, waagerecht nach rechts Mitte, nach links unten). Halte die Hand in die Mitte des imaginierten Pentagramms und singe: „*Yod-He-Vau-He*" (Element Luft).

4. Ziehe auf dieselbe Weise das südliche Pentagramm und singe „*Adonai*" (Element Feuer).

5. Ziehe auf dieselbe Weise das westliche Pentagramm und singe „*Eheieh*" (Element Wasser).

6. Ziehe auf dieselbe Weise das nördliche Pentagramm und singe „*Agla*" (Element Erde).

7. Stehe in Kreuzhaltung (Arme nach beiden Seiten ausgestreckt) mit dem Blick nach Osten und sprich und imaginiere:

> „*Vor mir Raphael*
> > (gelb-violetter Erzengel der Luft, hält ein Schwert, im Hintergrund Wolken),
> *hinter mir Gabriel*
> > (blau-oranger Erzengel des Wassers, hält einen Kelch, im Hintergrund das Meer),
> *zu meiner rechten Hand Michael*
> > (rot-grüner Erzengel des Feuers, hält einen Stab, im Hintergrund Flammen),
> *zu meiner linken Hand Auriel*
> > (zitronengelb-olivgrün-rotbraun-schwarzer Erzengel der Erde, hält eine Münze, im Hintergrund Felder, Weiden und Wälder),
> *ich stehe inmitten des Kreises*
> > (die Imagination des Kreises verstärken)
> *und über mir flammt der sechsstrahlige Stern.*"
> > (Hexagramm = Symbol der sieben Planeten mit der Sonne im Zentrum)

8. Kabbalistisches Kreuz: „*Ateh Malkuth ve-Geburah ve-Gedulah le-Olam Amen.*"

Das kabbalistische Kreuz wird wie folgt durchgeführt:

das kabbalistische Kreuz		
Worte (aramäisch)	*Übersetzung*	*Geste*
Ateh	Dein ist	die linke Hand kommt von oben herab und berührt mit den Fingerspitzen die Stirn
Malkuth	das Reich	die Hand zieht die Linie, die über dem Kopf begann, weiter hinab, bis die Hand zu einem Punkt unter den Füßen weist und somit den senkrechten Balken kennzeichnet
ve-Geburah	und die Kraft	die Fingerspitzen berühren die rechte Schulter
ve-Gedulah	und die Herrlichkeit	die Fingerspitzen gehen hinüber zur linken Schulter und berühren sie und ziehen dadurch den Querbalken des Kreuzes
le-Olam, Amen.	in Ewigkeit, Amen.	beide Hände werden vor der Brust gefaltet und dadurch symbolisch beide Balken miteinander verbunden, wobei man an dem Kreuzungspunkt eine rote Rose imaginieren kann

Die Pentagramme (★) symbolisieren die vier Elemente und die Quintessenz (obere Spitze).

Das Hexagramm stellt die sieben klassischen Planeten dar: außen Mond, Merkur, Venus, Mars, Jupiter und Saturn sowie in der Mitte die Sonne. Wie bei der Traumreise zur eigenen Mitte ist das Hexagramm auch in dem Pentagramm-Ritual ein Symbol der eigenen Mitte: In den vier Richtungen stehen die vier Erzengel, mit deren Hilfe man die eigene Seele, die über einem durch das Hexagramm symbolisiert wird, in seinem Leben ausdrücken und leben kann – und das dann genießt …

Führen Sie das kleine Pentagramm-Ritual am besten einige Monate lang täglich durch – und lassen Sie sich dabei Zeit, um mit den Erzengeln zu sprechen und das Hexagramm über sich zu spüren. Seien Sie aufmerksam darauf, welche Wirkung dieses einfache Ritual auf Sie hat.

Es kann eine große Wirkung entfalten: Die vier Elemente in den vier Richtungen rufen das Zentrum des Mandalas wach – und das ist die Quintessenz, die Seele in Ihrem Herzchakra … sie ist die Mitte dieses Elemente-Mandalas, dieses Rituals.

II 5. c) Die Mittlere Säule

Dieses Ritual verbindet mit Gott und ruft einen Segen von ihm herab. Es läßt sich sehr vielseitig als Teil komplexerer Rituale einsetzen – z.B. als Zentrierung, Stärkung, Schutz und auch als als Herstellung der Verbindung zu der eigenen Seele.

Die mittlere, goldene der fünf Kugeln, die man bei dieser Übung imaginiert, stellt die eigene Seele im eigenen Herzchakra dar.

1. Einige Handbreit über dem Kopf wird Kether als gleißend weiße Kugel imaginiert und dabei der Gottesname von Kether intoniert, also auf einem gleichbleibenden Ton möglichst vollklingend und im Idealfall mit Obertönen und dem natürlichen Vibrato der Stimme gesungen: *„Eheieh"*.

„Kether" und die noch folgenden vier hebräischen Namen der Sephiroth bezeichnen die fünf Bereiche auf der Mittleren Säule des kabbalistischen Lebensbaumes. Die Namen, die man dabei singt, sind die traditionellen Gottesnamen aus dem Alten Testament, die diesen Bereich bezeichnen. Diese Namen aus dem hebräischen Original des Alten Testamentes sind in der Bibel allerdings oft nicht wörtlich ins Deutsche übertragen worden, sondern einfach mit „Gott" oder „Jahwe" übersetzt worden.

Dieses Singen hat Ähnlichkeit mit der Gregorianik und mit der indischen und tibetischen Art, Mantren zu singen. Diese Art der Intonation von „Heiligen Worten" findet sich bei fast allen Völkern – so priesen z.B. die altägytischen Magier ihre Texte in den Papyri als „gut singbare Zaubersprüche" an und in den germanischen Mythen und Sagen wird immer wieder erwähnt, daß Dinge geweiht, also mit magischer Kraft aufgeladen werden, indem man in sie hineinsingt („Er sang Runen in das Schwert."; „Er sang Runen in die Vorder-steven des Drachenbootes.") Es genügt aber für den Anfang durchaus, die Gottesnamen einfach möglichst klangvoll zu singen.

2. Auf dem Scheitel, also am Sitz des Kronenchakras, wird Da'ath als in den Farben des Regenbogens strahlende Kugel imaginiert und dabei der Gottes-name Da'aths intoniert: *„Yod-He-Vau-He Elohim"*.

3. In der Mitte der Brust, also am Sitz des Herzchakras, wird Tiphareth als goldgelb leuchtende Kugel imaginiert und der Gottesname Tiphareths into-niert: *„Yod-He-VauHe Eloha va-Daath"*.

4. Um die Genitalien herum, also am Sitz des Wurzelchakras und somit der

Kundalini-Schlange, wird Yesod als violett glühende Kugel imaginiert und dabei der Gottesname Yesods intoniert: *„Schaddai el-Chai"*.

5. Unter den Füßen, also in der Erde, wird Malkuth als braune Kugel imaginiert und der Gottesname Malkuths intoniert: *„Adonai ha-Aretz"*.

In der folgenden Tabelle sind die Bereiche, die Sephiroth, die Farben, die Orte und die Gottesnamen noch einmal zusammengestellt:

Die Mittlere Säule				
Bereich	*Sephirah*	*Farbe*	*Ort*	*Gottesname*
Einheit (Gott)	Kether	weiß	Himmel	*Eheieh*
abgrenzungsloser Bereich	Da'ath	Regenbogen-farben	Scheitelchakra	*Yod-He-Vau-He Elohim*
abgegrenzter Bereich	Tiphareth	golden	Herzchakra	*Yod-He-Vau-He Eloha va-Daath*
interner Bereich	Yesod	violett	Wurzelchakra	*Schaddai el-Chai*
Vielheit (Welt)	Malkuth	braun	Erde	*Adonai ha-Aretz*

II 5. d) Entspannung

Eine sehr einfache Methode, sich selber näher zu kommen, ist die Entspannung – sowohl die physische als auch die psychische Entspannung.

Zulassen, was da ist … sehen, was da ist … fühlen, was da ist … umarmen, was da ist …

Mit dieser Haltung ist keine Passivität gemeint und auch kein „alles geschehen lassen", sondern ein Ankommen, ein „da sein, wo man ist". Man nimmt wahr, wie es gerade ist.

In der Psyche und im Körper sind oft mehrere widerstreitende Impulse gleichzeitig, die zu Verkrampfungen führen. Durch die bewußte Entspannung nimmt man diese Verkrampfungen wahr und kann sie betrachten und sie entspannen – dadurch wird man in dem, was man anschließend tut, deutlich effektiver.

Entspannung ist keine Faulheit, sondern Heilung – man kommt sich selber wieder näher … man entspannt sich von der Peripherie her zum Zentrum, man kehrt vom äußeren Rand wieder zur Mitte zurück.

III   Das Vertrautwerden

Auf den ersten Kontakt mit der eigenen Mitte folgt das Vertrautwerden: Man nähert sich der eigenen Mitte auf verschiedenen weiteren Wegen an und kann dadurch die Bedeutung der eigenen Seele immer klarer erfassen. Man verstärkt den Kontakt zur eigenen Seele, wodurch sie immer mehr in dem eigenen Leben zu strahlen beginnt.

III 1.   Licht: Hier und Jetzt

Der Mahasiddha Maitripa hat vor ungefähr 1000 Jahren eine schöne Meditations-Anleitung formuliert: „sich ins Hier und Jetzt hinein entspannen".

Das klingt sehr schlicht, aber es enthält eine große Weisheit. Das Leben ist nur hier und nur jetzt – auch wenn sich die Wahrnehmung und das Denken auf die Vergangenheit und die Zukunft ausdehnen können.

III 1. a)   wach sein

Wirklich wach sein ist nicht so einfach, wie es zunächst einmal klingen mag. Wenn man wirklich wach ist, nimmt man seine ganze Umgebung wahr und auch das ganze eigene Innere. Man fühlt und sieht und und hört und schmeckt und tastet …

Versuchen Sie einmal eine Erdbeere zu essen und das zu tun, als ob sie noch nie eine Erdbeere gegessen hätten. Hören Sie einmal einer Amsel zu und lauschen Sie, als ob Sie noch nie eine Amsel gesehen hätten. Blicken Sie auf das Abendrot und schauen Sie, als ob Sie noch nie ein Abendrot gesehen hätten.

Sie können die Erdbeere auch essen, als wenn es Ihre letzte Erdbeere wäre, der Amsel zuhören, als ob es das letzte mal wäre, einem geliebten Menschen einen Kuß geben, als wenn das Ihr letzter Kuß wäre …

III 2.   Feuer: Das eigene Handeln

Welches Verhältnis haben Sie zum Feuer? Wann haben Sie das letzte mal an einem offenen Feuer gesessen? Was wäre für Sie die mutigste Tat? Wann haben Sie das letzte Mal Sex wirklich genossen? Was wollen Sie wirklich tun – hier und jetzt? Ist es das, was Sie gerade tun? Oder wäre das etwas anderes?

III 2. a) Das Auflösen von Hindernissen

Was stört Sie in ihrem Leben? Betrachten Sie sich als die Ursache dafür. Wie müßten Sie sein, daß Sie davon nicht mehr gestört werden können?

Wer oder was stört Sie? Ist das ein Extrem? (z.B. Sucht) Wie sieht das Gegen-Extrem aus? (z.B. Askese) Wie ist das Verhältnis der beiden Extreme zueinander? Sind Sie selber das Gegen-Extrem?

Nehmen Sie den einen Pol imaginativ in die eine Hand und den anderen Pol in die andere Hand. Führen beide einen Kampf gegeneinander?

Was will der eine Pol? Stellen Sie sich vor, daß das, was dieser Pol will, in Ihrem Ellenbogen ist. Machen Sie dasselbe auch mit anderen Pol.

Was wollte der eine Pol ursprünglich einmal – ganz am Anfang? Stellen Sie sich das in der Nähe ihres Herzchakras vor. Machen Sie dasselbe auch mit anderen Pol.

Haben beide Motivationen ihre Wurzel ursprünglich in Ihrem Herzchakra gehabt? Was ist der ursprüngliche Impuls gewesen – vor der Aufspaltung in zwei Pole?

Betrachten Sie diesen Impuls, fühlen Sie ihn, umarmen Sie ihn … bleiben Sie bei ihm und lassen Sie ihn in sich wieder leuchten.

III 2. b) Die Sonne

Es gibt einfaches Sonnen-Ritual, das die eigen Mitte stärken hilft. Eigentlich hilft es nicht, die Mitte zu stärken, sondern der eigenen Mitte in der eigenen Psyche und in dem eigenen Leben wieder Raum zu geben.

Dieses Hexagramm kann man vor sich in die Luft zeichnen: erst das aufrechte Dreieck (1), dann das andere Dreieck (2) und schließlich die Sonne in der Mitte (3).

Dabei singt/intoniert man die drei Worte, die unter dem Hexagramm angegeben sind – die beiden ersten Gottesnamen sind dieselben wie bei der mittleren, goldenen Herzchakra-Kugel in der Übung der Mittleren Säule.

Dieses Hexagramm kann man nacheinander im Osten, Süden, Westen, Norden, oben, unten und zum Schluß dreimal nacheinander in der Mitte ziehen. Dadurch

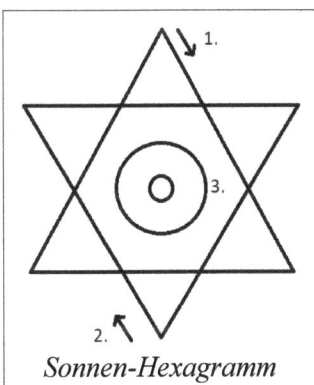

Sonnen-Hexagramm

1.: *Yod-Heh-Vau-He*
2. *Eloah va-Da'Ath*
3. *Ararita*

25

erschafft man einen „Sonnen-Raum", einen Tempel der Mitte.

Diesen „Sonnen-Raum" kann man im Anschluß an das Pantagramm-Ritual in der Mitte des Kreises, unter dem oberen Hexagramm, rings um sich aufbauen – ein „Sonnen-Tempel" …

III 2. c) Die Kundalini

Die Kundalini zu erwecken, ist für die meisten Menschen ein umfangreicheres Unternehmen, das viel Zeit, Ausdauer und Engagement erfordert. Es ist eine der gründlichsten Methoden, alle inneren Blockaden aufzulösen. Wenn die Lebenskraft wieder als Kundalini zu fließen beginnt, stößt sie gegen alles im eigenen Inneren, was nicht dem entspricht, was man wirklich ist. Dadurch werden diese Verzerrungen des eigenen Charakters bewußt und man kann sie heilen.

Die Anfangs-Meditation ist einfach:

- Man setzt sich hin und atmet.
- Beim Einatmen und beim Ausatmen spricht man innerlich „Feuer".
- Beim Einatmen nimmt man mit dem Atem Lebenskraft auf, die man sich als Licht oder Feuer vorstellt und lenkt sie ins Wurzelchakra. Beim Ausatmen läßt man diese Lebenskraft dort aufglühen.
- Man stellt sich die ganze Zeit über im Wurzelchakra einen rot-glühenden Kegel vor, der immer heißer wird.

III 2. d) Die beiden Begleiter der Seele

Wenn man sich der eigenen Seele annähert, kann es vorkommen, daß man im Traum, im Halbschlaf, auf einer Traumreise oder bei der Meditation zwei Gestalten sieht, die wie Geschwister wirken. Sie tauchen normalerweise nur in Krisen auf, um einem zu helfen. Sie sind die beiden Begleiter der Seele, die ihre „Geschwister" zu sein scheinen.

Ihnen kann man vertrauen.

III 2. e) Die drei Verbündeten

Der Lebenskraftkörper einer befruchteten Eizelle wird durch vier Dinge geprägt:

1. durch die DNS der Eltern (es wird ein Mensch),

2. durch die Dynamik der Expansion (es bildet sich ein Chakrensystem),

3. durch das Horoskop (das bei der Geburt sichtbar wird, aber schon zuvor feststeht und die Entwicklung prägt), und

4. durch den Charakter und die Absichten der Seele für ihre derzeitige Inkarnation.

Da sich im Bereich der Lebenskraft Ähnliches miteinander verbindet, entsteht

1. von der Dynamik der Seele und ihrer Absicht her eine Verbindung zu einem Tier: das Krafttier des Betreffenden;

2. von der Haltung der Seele und ihrer Absicht her eine Verbindung zu einer Pflanze: die Kraftpflanze des Betreffenden;

3. von der Struktur der Seele und ihrer Absicht her eine Verbindung zu einem Mineral: der Kraftstein des Betreffenden.

Diese drei findet man oft „nebenbei", wenn man eine Traumreise zur eigenen Mitte, d.h. zur eigenen Seele macht. Man kann jedoch auch ein Traumreise mit dem Zweck unternehmen, diese drei Begleiter zu finden.

Sie sind eine große Hilfe, da man durch sie verstehen kann, wie man handelt (Krafttier), in der Welt steht (Kraftpflanze) und wie man sich und die Welt strukturiert (Kraftstein).

III 3. Luft: Das eigene Denken

Können Sie Ihre Situation klar erfassen? Können Sie sie mit markanten Worten beschreiben? Können Sie sich auch in die Sichtweisen von anderen Menschen hineinversetzen? Sind Sie in der Lage, Irrtümer zu erkennen und Ihre Meinung zu ändern?

III 3. a) Die Mitte des Horoskopes

Ein einfacher Versuch: Legen Sie ihr Horoskop so auf den Fußboden, daß der Aszendent nach Osten zeigt. Zeichen sie die zehn Planetensymbole auf zehn Blätter Papier und legen Sie diese Blätter in einem Abstand von ein bis zwei Meter um das Horoskop herum – so, daß alle Planeten in der Richtung auf dem Kreis liegen, in der sie auch im Horoskop stehen. Der Papier-Planeten-Kreis ist jetzt Ihr Horoskop in groß, aber ohne die Aspekte. Nehmen Sie nun das Horoskop-Formular fort.

Stellen Sie sich in die Mitte des Kreises – Sie sind der Regisseur dieses Horoskop-Schauspiels.

Das klingt simpel, aber das Erlebnis lohnt sich.

III 3. b)   Die sieben Schritte des Lebens

Schauen Sie sich die sieben Schritte des Lebens an. Wo stehen Sie von ihrem Alter her? Wo stehen Sie von Ihrer Entwicklung her? In welchem Alter hat es „Schiffbruch" gegeben? Sprechen Sie mit sich selber – also mit der Gestalt, die Sie in diesem Alter hatten (z.B. mit dem siebenjährigen Jürgen oder mit der vierzehnjährigen Sabine).

Diese sieben Schritte sind in der Biographie und in der Geschichte identisch.

1. orale Phase und Altsteinzeit: Beides ist durch eine Symbiose mit der Umgebung geprägt: ein „Ja".

2. anale Phase und Jungsteinzeit: Beides ist durch die Wichtigkeit der Abgrenzung und die Gestaltung der Umwelt unter Beibehaltung der Einfügung in den Rhythmus der Umgebung geprägt: ein „Nein!"

3. phallische Phase und Königtum: Beides ist eine Zentral-Steuerung des Gesamten, die Unterordnung des Systems unter ein Zentrum, die Gestaltung des Ganzen durch einen einzigen Willen: ein „Ich!!!"

4. genitale Phase und Materialismus: Beides ist ein Forschen und Nutzen, ein Kennenlernen und Genießen, ein Erkunden und Gestalten, ein Begegnen und Prüfen und Wählen: ein „Du?"

5. adulte Phase und Globalisierung: Beides erschafft eine feste Verbindung, ein stabiles System, eine tragfähige Grundlage: ein „Wir."

6. tutorale Phase und Zukunft I: Beides weitet die Möglichkeit, sucht neue Varianten, neue Begegnungen, lernt und lehrt, gibt und empfängt: ein „Anderes …"

7. geronte Phase und Zukunft II: Beides sucht die Einheit, die Essenz, die Weisheit, die Freiheit: das „Alles".

III 3. c) Die Biographie

Schauen Sie sich einmal Ihre eigene Biographie genauer an. Schreiben Sie einmal die wichtigsten Ereignisse auf. Sprechen Sie mit einem vertrauten Menschen darüber. Suchen Sie nach Mustern und Wiederholungen – aber vor allem nach Krisen, Verwandlungen und Heilungen, da Sie dadurch lernen können, wie Sie wachsen können.

III 3. d) Die Familientradition

Nehmen Sie sich ein großes Blatt Papier – am besten die Rückseite eines Stücks Tapete o.ä. Tragen Sie sich selber, ihre Beziehungspartner, Geschwister, Eltern, Kinder, Enkel, Großeltern, Onkel, Tanten, Freunde usw. auf – all diejenigen, von denen Sie etwas wissen.

Schreiben Sie nun die Sternzeichen, die Berufe, die Krankheiten, die Scheidungen, das Temperament, das Sterbe-Alter usw. dieser Menschen dazu. Schauen Sie, ob sich Dinge wiederholen, ob es ähnliche Schicksale, Beziehungsmuster, Dynamiken usw. gibt.

Auf diese Weise wird schrittweise deutlich, von welcher Familientradition man selber geprägt ist – in den meisten Fällen, ohne sich dessen bewußt zu sein …

III 4. Wasser: Das eigene Fühlen

Wie fühlen Sie? Wie gut kennen Sie ihre inneren Bilder? Wie gehen Sie mit Ihren Träumen um? Haben Sie eine Beziehung?

III 4. a) Das Traumtagebuch

Das morgendliche Aufschreiben der eigenen Träume ist die einfachste Möglichkeit, seine innere Bilderwelt besser kennenzulernen.

Zunächst einmal sieht und fühlt man, welche Bilder gerade in einem wichtig, also „mit Lebenskraft aufgeladen sind" bzw. „emotional aufgeladen sind".

Man kann einfach einmal zählen, welche Motive wie oft auftreten – das ermöglicht einen ersten Überblick.

Als zweites kann man betrachten, welche Bilder mehrfach gemeinsam auftreten – zwischen ihnen muß es einen Zusammenhang geben.

Als drittes kann man schauen, mit welchen anderen Motiven ein besonders markantes Motiv (Sex, Mord, Blut, Glück usw.) in den Träumen gemeinsam auftritt – auf diese Weise kann man das „assoziative Umfeld" dieses Motivs erkennen.

Als viertes kann man schauen, woran einen ein markantes Motiv erinnert, also welche Assoziationen man dazu hat. Dann schaut man, welche Assoziation man zu dieser Assoziation hat usw. – durch diese Assoziaitonsketten kann man verborgene Motive aufspüren.

Als fünftes kann man sich ein Gesamtbild verschaffen: Welche Träume gehören zusammen? Welche Motive gehören zusammen? Wie haben sich manche Motive weiterentwickelt? Auf diese Weise kann man immer komplexere Strukturen finden, aus denen sich schließlich die „innere Mythologie" ergibt.

Als sechstes kann man Traumreisen zu den markanten Motiven unternehmen und sie genauer ergründen.

Als siebtes kann man aus dem Wachzustand heraus in wichtige Träume zurückkehren und sie verändern und umgestalten – nicht im Sinne einer Lüge und einer Verdrängung, sondern indem man sich z.B. selber aus einer Traum-Notsituation errettet oder indem man sich selber in dem Traum das gibt, was man in dem Traum verzweifelt gebraucht und gesucht hat. Man entwickelt den Traum also bewußt in einen friedliche Zustand weiter – man zeigt dem eigenen Unterbewußtsein Lösungswege, die das Unterbewußtsein dann in seinen Bilderschatz integriert, der ja die Grundlage für das eigene Verhalten im Alltag ist.

Als achtes kann man, falls das in die eigene Situation passen sollte, noch eine Methode einiger Indianerstämme anwenden: Wenn der Traum möglicherweise auch für andere wichtig ist, erzählt man den Traum vor den anderen und führt ihn dabei wie ein kleines Schauspiel auf. Aber, wie gesagt, dafür muß die Situation und die Gruppe passen.

III 4. b)   Die Traumreise zur eigenen Mitte

Die folgende „halb-geführte Traumreise" bzw. „dynamische Imagination" stammt aus der Tradition des Golden Dawn. Der Tempel in dieser Traurmeise ist wieder das Herzchakra.

Sie gehen durch eine Wüste. Nach und nach wird die Szenerie deutlicher und Sie können weiter blicken. Sie gehen auf einer Straße, die zu dem Tor einer Stadt in der Wüste führt. Der Wächter läßt Sie ein.

Sie gehen durch die Stadt zu Ihrer Mitte. An den Straßen stehen Alleebäume und an ihrem Rand fließen Bäche und kleine Flüsse. Nach und nach sehen Sie auch Menschen in der Stadt. Nach einer Weile werden Sie auch von ihnen bemerkt und gegrüßt und Sie grüßen sie zurück.

Sie kommen zu dem Tempel in der Mitte der Stadt. Er ist rund und hat ein goldenes Kuppeldach, das oben in der Mitte offen ist. Gehen sie in die Mitte des Tempels und bitten Sie Ihre Seele herbei, rufen Sie sie herbei, sehnen Sie sie herbei.

Entflammen Sie sich im Gebet.

Führen Sie diese Meditation regelmäßig durch.

III 4. c) Die Reise zurück

Es gibt noch eine weitere Möglichkeit, zu der eigenen Seele zu gelangen: der Weg in die Vergangenheit.

Entspannen Sie sich. Machen Sie sich Ihr derzeitiges Alter bewußt. Kehren Sie in Schritten von 5 Jahren in die Vergangenheit zurück. Schauen Sie jedesmal kurz, wie Sie sich in diesem Alter gefühlt haben.

Kehren Sie zu dem Alter von 5 Jahren zurück, zu 4 Jahren, 3 Jahren, 2 Jahren, 1 Jahr, 6 Monate, 3 Monate, 1 Monat, 2 Wochen, 1 Woche, 3 Tage, 2 Tage, 1 Tage, kurz nach der Geburt, dann die Geburt selber, dann kurz vor der Geburt …

Kehren Sie noch weiter zurück – 3 Monate nach der Zeugung, 1 Monat nach der Zeugung, 1 Woche nach der Zeugung, 1 Tag nach der Zeugung, die Zeugung selber … schauen Sie, was Sie wahrnehmen, was sie fühlen, welche Impulse Sie haben …

Kehren Sie noch weiter zurück bis vor Ihre Zeugung – schauen Sie auf Ihre Zeugung, die kurz bevorsteht … Als wer oder was schauen Sie von vor Ihrer Zeugung auf Ihre künftige Inkarnation? Wie fühlt sich das an?

Kehren Sie noch weiter zurück: Wie hat sich der Entschluß zu Ihrer Inkarnation angefühlt? Wo hat er stattgefunden? Welche Impulse sind dabei zu einer Struktur zusammengefügt worden?

Kehren Sie noch einmal einen Schritt weiter zurück: Was war der Impuls für Ihre Inkarnation? Warum wollte Ihre Seele sich als Sie inkarnieren? Was war die Absicht Ihrer Seele, als sie Ihre Inkarnation beschlossen hat?

Sie können auch noch weiter in den Bereich der Gottheiten zurückkehren und nach dem „Meer der Gottheit" suchen, von dem Ihre Seele ein „Tropfen" ist … aber das gehört nicht mehr zu der Suche nach der eigenen Seele.

III 5. Erde: Das eigene Wachsen

Die Erde ist das Gedeihen, das Wachsen, das Wohlergehen, das Erleben, das Genießen … auch das kann man kultivieren …

III 5. a) Tiphareth

Markieren Sie die Positionen der elf Sephiroth des kabbalistischen Lebensbaumes mithilfe von elf Blättern Papier, auf denen die Namen dieser Sephiroth stehen, auf dem Boden, sodaß Sie nun den Lebensbaum vor sich haben.

Stellen Sie sich nun bewußt wie bei einer Familienaufstellung auf Malkuth – Ihr Körper.

Gehen Sie weiter nach Yesod – ihr Unterbewußtsein und ihr Lebenskraftkörper.

Gehen Sie weiter nach Hod – ihr Verstand und ihre inneren Strukturen.

Gehen Sie weiter nach Netzach – ihre Gefühle und Impulse.

Gehen Sie weiter nach Tiphareth – ihre Seele mit ihrer Absicht für ihre derzeitige Inkarnation.

Gehen Sie weiter nach Geburah – Ihre Seele beim Entwerfen Ihrer derzeitigen Inkarnation.

Gehen Sie weiter nach Chesed – Ihre Seele mit ihrem Impuls für ihre derzeitige Inkarnation.

Sie können auch noch weiter nach Da'ath, Binah, Chokmah und Kether gehen, aber das geht über die Suche nach der eigenen Seele hinaus.

III 5. b) Die Mitte des Hexagrammms

Zeichnen Sie ein Hexagramm auf den Boden oder markieren Sie die Spitzen und die Mitte des Hexagramms mit sieben Papieren mit jeweils einem Planetensymbol:

> unten: Mond (= Yesod)
> unten links: Merkur (=Hod)
> unten rechts: Venus (=Netzach)
> Mitte: Sonne (Tiphareth)
> oben links: Mars (=Geburah)
> oben rechts: Jupiter (=Chesed)
> oben: Saturn (Da'ath)

Stellen Sie sich wie bei einer Familienaufstellung in die Mitte des Hexagramms.

spüren Sie der Qualität dort nach.

III 5. c)   Die Seelen-Aufstellung

Sie können die Seele auch mit einer ganz normalen Familienaufstellung kennen-lernen. Dafür werden zunächst einmal Sie selber und die Seele von je einer Person aufgestellt. Später in der Aufstellung über nehmen Sie dann erst die Rolle von sich selber und danach dann die Rolle ihrer Seele.

Es läßt sich natürlich vorhersagen, in welcher Weise eine solche Seelen-Aufstellung genau ablaufen wird.

III 5. d)   Das Gehen

Gehen Sie. Achten Sie einmal drauf, wie Sie gehen. Schlapp? Müde? Erschöpft? Angespannt? Steif? Durchhängend? Kämpfend? Stampfend? Wie ein Kiste mit Beinen darunter?

Oder freudig, genießend, elastisch, elegant, schwingend?

Jede Bewegung beim Gehen beginnt in den Füßen und schwingt nach oben hin durch den Körper durch bis zu den Bewegungen des Kopfes – die sich aus den Bewegungen der Füße ergeben.

Möglicherweise muß man erst einmal eine Weile nach dieser Art des Gehens tasten und suchen. Dabei können ein paar Fragen helfen:

Sind die Pomuskeln gespannt? Das ist das Wichtigste.

Sind die Knie hölzern und am Anschlag oder schwingen sie mit einer leichten, angenehmen Spannung?

Sind Sie im Hohlkreuz?

Ist der obere Rücken elastisch?

Ist der Hals weder steif noch schlapp, sondern beweglich?

Spüren Sie Ihren Körper als Ganzes, als eine Einheit, als einen Organismus?

Da jeder Mensch anders ist, kann man hier von außen her nur im persönlichen Kontakt konkrete Tipps geben – aber jeder kann sich auf die Suche nach der Entdeckung des Gehens machen.

Es klingt vielleicht extrem schlicht, aber es lohnt sich – in der Haltung beim Gehen kann man sich selber in seinem Körper wiederfinden …

IV   Das Vertiefen

Die vierte Phase ist das Vertiefen dessen, was man in den vorigen Phasen bereits gefunden hat. Das ist nicht nur ein Üben, sondern auch ein Entdecken neuer Facetten und Zusammenhänge … und vor allem auch ein sich-Erfreuen an dem, was man gefunden hat und was man noch Neues findet kann.

Die Suche nach sich selber ist vor allem eine Suche nach der Lebensfreude …

IV 1.   Licht: Selbstausdruck

Das zu sein, was man wirklich ist, bedeutet, daß man strahlt. Die Identität im Herzchakra wird zu einem hemmungslosen körperlichen Selbstausdruck im Sonnengeflecht und zu einem hemmungslosen sozialen Selbstausdruck im Halschakra. Der Selbstausdruck wird im Hara zu dem inneren Halt und im Dritten Auge zu der äußeren Orientierung. Schließlich wird dies zu dem körperlichen Kontakt im Wurzelchakra und zu dem sozialen Kontakt im Scheitelchakra.

Hemmungsloser Selbstausdruck ist Strahlen … und dieses Strahlen bewirkt Magie – die Gestaltung des eigenen Lebens entsprechend der Vorfreude auf die Selbstverwirklichung, die man keimhaft als Vision in sich trägt.

IV 1. a)   Die Sonnenanrufung

Stellen Sie sich an einem abgelegenen Ort in der Haltung der Man-Rune in Richtung Sonne. Dies ist die Anrufungs-Haltung: Man steht aufrecht und hebt die Arme seitlich in die Höhe. Wenn man diese Rune auf die Sonne anwendet, sind die beiden Handflächen zur Sonne hin gewandt.

Spüren Sie die Sonne auf Ihrem Leib und vor allem auf Ihrem Herzchakra und auf Ihren Handflächen.

Singen Sie innerlich oder mit Ihrer Stimme den Runen-Namen „Man". Lassen Sie ihn durch Ihr Singen in Ihrem Herzchakra und in Ihren Handflächen vibrieren.

Stellen Sie sich eine Verbindung von der Sonne zu ihren Handflächen vor, die aus goldenem Licht besteht. Dieses Licht erfüllt Sie und erschafft neue Wege, auf denen sich Ihre Seele in Ihrem Leben zeigen kann, auf denen Sie sich ausdrücken kann, auf die Sie strahlen können, Sie selber sein können …

IV 1. a)   Die Sonnenmeditation

Setzen Sie sich sich in Ihre bevorzugte Meditationshaltung. Sprechen Sie beim Einathmen innerlich „Sonne" und beim Ausathmen „Liebe". Stellen Sie sich vor, wie Sie beim Einathmen Lebenskraft aufnehmen und in ihr Herzchakra lenken, wo diese Lebenskraft dann beim Ausathmen wie ein Sonne aufleuchtet.

Diese Meditation ist schlicht, aber wirksam.

IV 1. a)   Der Wunschzettel

Schreiben Sie einen Wunschzettel – was wünschen Sie sich?

Nun noch einmal, aber richtig hemmungslos: Milliardärin sein? Fliegen können? Auf dem Mond spazierengehen? Mit dem Dalai Lama Tee trinken? Ein Plausch mit Sokrates? Ein Palast in der Sahara? Mit der Enterprise durchs Weltall?

Lesen Sie diese Wünsche nun einmal laut vor.

Nun noch einmal, aber diesmal als erfüllte Wünsche – stellen Sie sich vor, daß Sie alles erhalten haben, was Sie sich gewünscht haben.

Wie fühlt sich das an? Spüren Sie das Grinsen, die Freude, das Glück, das Strahlen?

Das alles ist schon in Ihnen da, wie sie sehen … In Ihnen will eine Sonne strahlen und sucht sich diese ganzen Wünsche, um sich in ihnen auszudrücken. Diese Sonne braucht nicht die Erfüllung der Wünsche, um glücklich strahlen zu können – die Sonne strahlt bereits und braucht diese Wünsche nur, um sich ausdrücken zu können. Das Glück ist nicht das Ziel der Handlungen im Außen, sondern die Quelle der Handlungen im eigenen Herzchakra.

Die Seele bringt durch ihren Selbstausdruck die Fülle in die Welt – sie braucht nichts aus der Welt, um in sich Fülle und Glück zu haben.

IV 1. b)   Die Schutzgottheit

Die Seele ist ein „Tropfen" aus dem „Meer einer Gottheit". Wenn man den Kontakt zu der eigenen Seele hergestellt hat, kann man die eigenen Seele bitten, einem zu der eigenen Schutzgottheit zu führen. Ihre Seele weiß, wie das für Sie am einfachsten geht.

IV 1. c) Gott

Wenn man will, kann man auch noch weiter zu Gott reisen. Schauen Sie, was Ihre Seele dazu sagt. Sie können auch eine Traumreise nach Kether unternehmen oder den Lebensbaum mit beschrifteten Papierzetteln auslegen und sich dann wie bei einer Familienaufstellung auf Kether stellen.

IV 2. Feuer: Tatkraft

Leben ist Handeln, Singen, Tanzen, Bewegung, Gehen, Springen … „Am Anfang war die Tat.", wie Goethe es so schön formuliert hat.

IV 2. a) Egoismus

Egoismus ist der Drang, sich selber am Leben zu erhalten. Ohne ihn würde man schlicht zu leben aufhören. Egoismus ist also lebensnotwendig.

Allerdings steht der Egoismus nicht alleine da, sondern ist mit den Wahrnehmungen, mit den Erinnerungen, mit den Gedanken, mit der Einsichtsfähigkeit, mit den Gefühlen usw. verbunden.

Ein niveauvoller Egoismus, also ein effektiver Egoismus braucht all diese eben genannten Begleiter als Helfer:

> Der effektive Egoismus ist z.B. mit Selbstkenntnis verbunden – sonst würde er Dinge anstreben, die für den Betreffenden gar nicht von Vorteil sind.

> Der effektive Egoismus ist auch mit der Weitsicht verbunden – ein kurzsichtiger Egoismus führt zu einem kurzfristige Vorteil, aber zu einem mittel- und langfristigen Nachteil.

> Der effektive Egoismus ist auch mit Mut verbunden – sonst kann er sich nicht verwirklichen.

> Er ist auch mit Liebe zu sich selber und zu anderen verbunden – sonst könnte er in Selbstzweifel und Einsamkeit versinken.

> Er ist auch mit Gelassenheit verbunden – sonst könnte er in Aktionismus und in Panikattacken geraten.

Es spricht also einiges dafür, sich den eigenen Egoismus einmal genauer anzusehen …

IV 2. b) Tummo, Bindhu und Sonne

Es gibt drei Quellen der Kraft:

- Die erste Quelle ist das Erdfeuer, das im Körper zu dem Kundalini-Feuer wird. Diese rote, ungestaltete Kraft wird auch „Tummo" genannt. Sie steigt aus dem Eisen-Nickel-Kern der Erde, die ihr Wurzelchakra ist, in das Wurzelchakra der Menschen auf.

Man kann dieses Erdfeuer rufen, indem man einen Lichtstrahl von seinem Wurzelchakra aus in die Mitte der Erde sendet und dann von dort den eigenen Drachen emporruft, also den eigenen Anteil an der Lebenskraft der Erde.

- Die zweite Quelle ist das Himmelslicht, das von oben in das Scheitelchakra herabfließt. Oft wird es dadurch gerufen, daß man die eigene Kundalini erweckt und bis ins Scheitelchakra aufsteigen läßt. Man kann dieses gleißend-weiße Licht jedoch auch ohne die Kundalini herabrufen. Das wird in den indischen Upanishaden „die Himmelskuh melken" genannt.

Eine einfache Methode dafür ist die bereits dargestellte „Übung der Mittleren Säule".

- Die dritte Quelle ist die eigene Seele im Herzchakra. Sie ist jedoch eine Kraftquelle anderer Art – von ihr aus fließt nicht neue Lebenskraft in den Menschen hinein, sondern sie hält die Lebenskraft zusammen und lenkt und bündelt sie und richtet sie auf Ziele aus. Diese Kraftquelle ist wie eine goldene Sonne.

Dafür kann man sich eine der vielen Methoden der Zentrierung im eigenen Herzchakra aussuchen   z.B. die Meditation mit dem Mantra „Sonne – Liebe".

Das Erdfeuer und das Himmelslicht vermischen und verbinden sich in den Chakren und prägen durch ihre Anteile deren Charakter:

- Im Scheitelchakra sind 6/6 Licht: Bewußtheit.

- Im Dritten Auge sind 5/6 Licht und 1/6 Feuer: ein bewußter Impuls.

- Im Halschakra sind 4/6 Licht und 2/6 Feuer: bewußte Gestaltung.

- Im Herzchakra sind 3/6 Licht und 3/6 Feuer: Selbstliebe.

- Im Sonnengeflecht sind 2/6 Licht und 4/6 Feuer: gelenkte Lebenskraft.

- Im Hara sind 1/6 Licht und 5/6 Feuer: zentrierte Lebenskraft.

- Im Wurzelchakra sind 6/6 Feuer: Lebenskraft.

IV 2. c)   Die Trauma-Auflösung

Ein Trauma bildet sich in einer existentiellen Situation, in der man vollkommen auf das Überleben ausgerichtet ist: bei einem Unfall, im Krieg, bei einer Vergewaltigung u.ä. Dabei wird die Lebenskraft-Aktivität „auf Maximum gestellt" und alles Adrenalin ausgeschüttet, das verfügbar ist.

Wenn man die Situation überlebt, ist die normale Reaktion, daß man zu zittern, zu schreien, zu fluchen oder zu lachen beginnt, damit sich die Spannung auflöst. Möglicherweise hat auch ein Kampf stattgefunden, durch den sich die Spannung abgebaut hat. Wenn es zu dieser Auflösung der Spannung kommt, ist alles o.k.

Wenn man an diesem Spannungsabbau gehindert wird oder sich die Situation ständig wiederholt, bleibt die Spannung erhalten und wird chronisch. Man hat dann sozusagen eine Konservendose voller Adrenalin und Panik-Bildern in dem Keller seiner Psyche, die dort auf dem Regel vor sich hin rappelt.

So eine „Konserve" kann die Psyche nachhaltig behindern … und verhindern, daß man in allen Bereichen genau das lebt, was man wirklich ist.

Nun kann man ein Trauma nicht mit einem Fingerschnippen auflösen und braucht dafür auch möglicherweise einen Begleiter.

Man kann aber immerhin generell sagen, daß es in den meisten Fällen sinnvoll ist, sich langsam an das Trauma heranzutasten: Man schaut die Situationen an, in denen man sich „komisch verhält", man betrachtet das, was man darüber weiß, man nähert sich ihm an und tastet nach den Gefühlen in diesem Trauma …

Die beiden wichtigen Punkt sind, daß man den Kontakt zu den Gefühlen in dem Trauma sucht und zugleich „den Kopf immer über Wasser behält". Wenn man keinen Kontakt zu den Gefühlen hat, kann man nichts ändern – und wenn man den Kopf verliert, kann man nichts mehr gestalten.

Ganz schlicht formuliert besteht eine Trauma-Heilung aus „schauen, fühlen, umarmen" – wobei diese drei Dinge bei einem Trauma etwas dramatischer ausfallen können als bei einem normalen verdrängten Gefühl.

IV 2. d)   Der Feuerlauf

Melden Sie sich bei einem Feuerlauf-Seminar an. Eine echt heiße Sache! Sie erklärt sich von selber, wenn Sie dabei mitmachen und barfuß über die glühenden Kohlen laufen …

IV 3. Luft: Erkenntnisse

Das Vertiefen bezieht sich auch auf das Verstehen von sich selber, von dem Aufbau der eigenen Psyche, von den Absichten der Seele, von dem Weg zu sich selber usw. Das Verstehen alleine hilft nicht, aber ohne das Verstehen sind die meisten Dinge deutlich schwieriger durchzuführen.

IV 3. a) Das Gespräch mit den Erzengeln

Sprechen Sie mit den Erzengeln, erzählen Sie ihnen, wo sie gerade stehen, was Sie erreichen möchten, was Sie behindert usw. Sie können das innerhalb des Kleinen Pentagramm-Rituals machen oder auch ohne dies Ritual, nur mit einem Erzengel oder nacheinander mit allen vieren, Sie können auch eine Traumreise zu ihnen unternehmen …
Fragen Sie nach konkreten Ratschlägen – und probieren Sie diese Ratschläge aus.

IV 3. b) Die Planetenrunde

Legen Sie die Planeten-Zettel kreisförmig in der Form Ihres Horoskopes auf den Boden und stellen Sie sich in die Mitte.
Laden Sie jeden der zehn Planeten ein, indem Sie ihn direkt ansprechen.
Fragen Sie jeden Planeten, ob er Ihnen etwas sagen oder zeigen mag. Nehmen Sie ihn ernst, fragen Sie nach, wenn Sie etwas nicht verstanden haben.
Beginnen Sie ein Gespräch mit ihren Planeten, machen sie Vorschläge, wie ein Konflikt zwischen zwei Planeten gelöst werden kann (z.B., wenn sie ein Quadrat zueinander haben), hören Sie auf das, was die beteiligten Planeten dazu sagen …

Sie können dabei die Augen wie bei einer Familienaufstellung offen lassen oder sie wie bei einer Traumreise schließen – schauen Sie, was Ihnen am leichtesten fällt. Falls Sie gerade mit einem Dutzend Personen zusammen sind, können Sie auch eine Horoskop-Familienaufstellung durchführen, bei der jeder Planet von einem Menschen dargestellt wird und Sie selber die Rolle des Regisseurs innehaben.
Wenn erst einmal ein Anfang gefunden worden ist, wird das Gespräch sich schnell weiterentwickeln.

IV 3. c)   Die innere Familie

Wenn man schon eine Weile Traumreisen, Familienaufstellungen, „therapeutische Selbstgespräche" u.ä. durchgeführt hat, wird man sein inneres Kind, seine inneren Eltern, eine Version von sich selber mit dem anderen Geschlecht usw. finden. Alle diese Gestalten, also die „innere Familie", kann man einmal einladen und schauen, was geschieht, wenn sie versammelt sind.

Die Dynamik dieser Versammlung und ihr Nutzen ist recht ähnlich wie bei der „Planetenrunde".

IV 3. d)   Richtigkeit

Es gibt eine Qualität, die das zentrale Element in den magisch-mythologischen Weltanschauungen ist: die Richtigkeit. Diese Qualität kann eine große Hilfe sein.

Sie findet sich in der Rundheit des Rades, in dem Gestimmtsein eines Instrumentes, in der Geradheit einer Achse, in dem Funktionieren einer Maschine, in der Gesundheit des Körpers, in dem Strahlen der Psyche …

Diese Richtigkeit ist dann da, wenn alle Teile eines Ganzen an ihrem richtigen Platz sind und sich in der rechten Weise verhalten. Wenn man das Gefühl hat, daß irgendwas nicht stimmt, daß da eine Disharmonie mitklingt, daß ein Detail einfach nicht zu dem Rest paßt usw., dann lohnt es sich, diesem Mißklang nachzugehen.

Auch dies ist eine Methode, um nach und nach zu sich selber zu finden.

IV 4.   Wasser: Verbundenheit

Das Wasser bindet den Einzelnen in eine Gemeinschaft ein, das Wasser kann Liebe bringen, das Wasser spendet Fülle, das Wasser gibt Geborgenheit …

IV 4. a)   Gefühle und ihre Verwandlungen

Fülle, Kraft und Selbstliebe sind die drei heilen Grundgefühle.
Wenn sie gestört werden, entstehen Mangel, Macht und Selbstzweifel.
Diese drei leidvollen Gefühle werden jeweils zu zwei polaren Extremen:

Fülle => Mangel => der „laute" Süchtige und der „leise" Asket
Kraft => Macht => der „laute" Täter und das „leise" Opfer
Selbstliebe => Selbstzweifel => der „laute" Star und der „leise" Fan

Aus diesen sechs polarisierten Gefühlen entstehen eine große Vielzahl an Gefühls-Nuancen. Um heil zu werden und ganz man selber sein zu können, ist es notwendig, diese ganze Gefühlsvielfalt wieder zu den drei heilen Grundgefühlen Fülle, Kraft und Selbstliebe zurückzuverfolgen.

Der normale Zustand ist das Strahlen. Wenn nun ein Strahl, also ein Impuls, auf ein Hindernis stößt, entsteht Verwunderung, dann vielleicht Unmut, die Suche nach einem Weg um das Hindernis drumherum. Wenn das nicht gelingt, verstärkt der Strahl seine Intensität und wird zur Wut, die das Hindernis aus dem Weg räumen will. Wenn dies gelingt, ist es gut, wenn nicht, können zwei verschiedene Dinge geschehen: Entweder die Wut wird einsgerichtet, wodurch sie sich in Haß verwandelt, oder sie beginnt sich im Kreis zu drehen, wodurch sie zu Traurigkeit wird. Wenn sie dann noch immer langsamer zu kreisen beginnt und schließlich anhält, wird sie zu einer Depression.

Der Weg zurück führt von der Depression über die Trauer über die Wut zu der Kraft und vom Haß über die Wut zur Kraft. Diese Wege sind bei allen Menschen gleich.

Die große Vielfalt dieser Gefühle und ihrer Verwandlungen habe ich ausführlich in meinem gleichnamigen Buch beschrieben: „Gefühle und ihre Verwandlungen".

IV 4. b) Reinkarnation

Wenn man sich selber und daher auch die eigene Seele kennenlernen will, könnte man auch auf die Idee kommen, die eigenen früheren Inkarnationen kennenlernen zu wollen – falls man davon ausgeht, daß es die Reinkarnation gibt.

Dafür kann man an einer Rückführung teilnehmen oder eine Traumreise nach Chesed auf dem Lebensbaum unternehmen oder auch einfach die eigene Seele darum bitten, einem etwas über die eigenen früheren Leben zu zeigen.

Das ist jedoch nicht unbedingt notwendig, um sich selber zu erkennen. Das, was von einem früheren Leben in das derzeitige Leben mitgenommen worden ist, wird während der ersten drei Jahre „neu-inszeniert", d.h. man erlebt Dinge, durch die man wieder an die früheren unverdauten Erlebnisse anschließt – das „Karma" wird in den ersten drei Jahren aktualisiert.

Es reicht also völlig aus, die eigenen Wunden, die man durch die Erlebnisse in seinem derzeitigen Leben erhalten hat, zu heilen – damit hat man sein Karma gleich mitgeheilt.

Trotzdem kann es natürlich interessant sein, zu sehen, wie man in früheren Leben dahin gekommen ist, wo man gerade ist – aber zum Heilen der eigenen Vergangenheit braucht man dieses Wissen nicht und zum Glücklichwerden auch nicht.

IV 4. c)   Die Herz-Meditation

Es gibt in vielen Traditionen eine Herzmeditation. Ihnen ist gemeinsam, daß sie auf das Herzchakra konzentriert ist. Oft ist sie auch eine Identifizierung mit einem Vorbild wie Christus, Buddha oder Osiris.

Der Ansatzpunkt kann recht verschieden sein: ein Mantra, der Name der Gottheit, Atemübungen, Verehrung der Gottheit, Hatha-Yoga u.ä. mit Sonnenbezug, Gesang, Pilgerungen, Verbeugungen usw. Oft werden auch mehrere Methoden kombiniert.

Wenn man die Verehrung einer Gottheit hinzunimmt, erhält diese Meditation eine besondere Kraft – eben die Hilfe durch diese Gottheit.

Die bereits beschriebene Mantra-Meditation („Sonne – Liebe") ist auch eine Herz-meditation.

Wie bei allen Dingen sollte man auch hier schauen, wozu man sich hingezogen fühlt, und das dann ausprobieren.

IV 4. d)   Die Stille-Meditation

Die Stille-Meditation ist einfach zu beschreiben (aber nicht unbedingt genauso einfach durchzuführen): Man wird innerlich still.

Das bedeutet, daß man aufhört zu denken, zu fühlen, Bilder zu sehen … man ist nur noch Bewußtsein, daß sich seiner selber gewahr ist – man hat das eigene Wach-bewußtsein mit dem Tiefschlaf-Bewußtsein verbunden.

Am einfachsten ist dieser Zustand zu erreichen, wenn man zusammen mit jeman-dem meditiert, der diesen Zustand schon erreichen kann. Ansonsten kann man diesen Zustand nur üben und immer wieder alle Bewußtseinsinhalte loslassen …

Es gibt aber immerhin einen Trick, mit dem man diesen Zustand kurzfristig errei-chen kann, sodaß man seinen „Geschmack" kennenlernen kann. Dafür setzt man sich hin und sagt laut, was einem durch den Sinn geht. Man sagt immer schneller, was die nächste Assoziation, das nächste Bild, der nächste Gedanke ist … nach recht kurzer Zeit kommt man dann an einen Punkt, an dem einfach nichts Neues mehr auftaucht und man völlig leer geworden ist. Man hat sich sozusagen leer geredet.

Dabei ist es wichtig, daß man schnell redet und alles sofort ausspricht – als würde man jedem neuen Wort und jedem neuen Bild, jedem neuen Gefühl hinterherrennen. Das führt dazu, daß das „Gefäß" dann plötzlich leer ist und es still in einem geworden ist.

IV 5. Erde: Erdung

Letztlich muß alles geerdet werden – die Dinge werden real, wenn sie in der Welt erscheinen. Dann kann man sie leben, erleben und genießen.

IV 5. a) Das Beziehungs-Mandala

Das Beziehungs-Mandala ist eine einfache innere Struktur:

- Am Anfang war die Seele: der zentrale Kreis des Mandalas.

- Die Seele spiegelt sich zweimal in der Lebenskraft als der innere heile Mann und als die innere heile Frau, die zu dem eigenen Selbstbild bzw. zu dem Suchbild werden: die beiden Halbkreise um den zentralen Kreis herum.

- Wenn in der Psyche durch ein heftiges Erlebnis polarisiert wird, geschieht das entweder im Bereich der Fülle (=> Süchtiger/Asket), Kraft (Täter/Opfer) oder Selbstliebe (=>Star/Fan). Diese Polarisierung geschieht sowohl mit dem Selbstbild als auch mit dem „gegengeschlechtlichen Suchbild". Dadurch entsteht ein weiterer Kreisring, der aus vier Viertelkreisen besteht – wenn die Polarisierung beim Fülle-Thema aufgetreten ist, das dadurch zu einem Mangel-Thema wird, repräsentieren diese vier Viertelkreise einen Süchtigen, einen Asketen, eine Süchtige und eine Asketin.

- Eines dieser Bilder lebt der Betreffende selber (z.B. den Süchtigen), die anderen drei Bilder werden von anderen übernommen. In dem Beispiel des Süchtigen ist der Asket der Feind, die Süchtige die Freundin und die Asketin die Beziehungspartnerin. Evtl. andere Süchtige können Freunde sein. Dies sind die vier Dreiecke am Rand des Mandalas. Gemeinsam führen sie das Lebensdrama des Betreffenden auf.

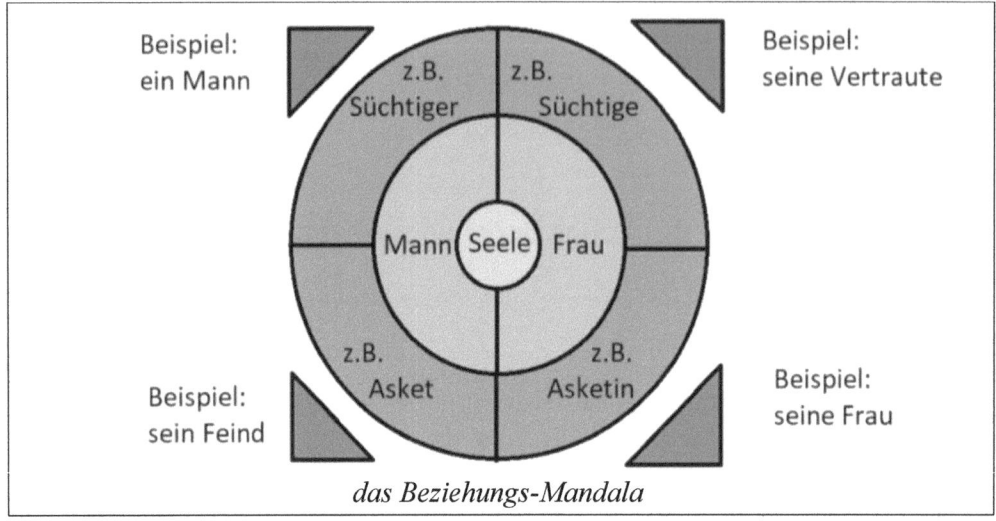

das Beziehungs-Mandala

Die Heilung besteht zunächst darin, die vier Rollen in dem eigenen Drama zu erkennen.

Der zweite Schritt besteht darin, alle vier Rollen als Teil der eigenen Psyche zu akzeptieren.

Der dritte Schritte besteht darin, den Asket und den Süchtigen aufzulösen – dann kann der heile innere Mann erscheinen. Anschließend werden die Asketin und die Süchtige aufgelöst – dann kann die heile innere Frau erscheinen.

Schließlich vereinen sich der heile innere Mann und die heile innere Frau miteinander – dann kann die Seele erscheinen.

Eine ausführliche Beschreibung des Mandalas und des Heilungs-Rituals findet sich in meinem Buch „Das Beziehungs-Mandala".

III 5. b)   Der innere Mann und die innere Frau

Es gibt eine Meditation, die auf dem inneren Mann und der inneren Frau aufbaut. Dieser Mann und diese Frau entsprechen den beiden äußeren Lebenskraftkanälen, die die sieben Hauptchakren miteinander verbinden. Sie werden „Ida" und „Pingala" genannt. Der zentrale Hauptkanal heißt „Sushumna" und entspricht der Seele. Diese drei Kanäle entsprechen in dem Beziehungsmandala dem inneren Kreis und den beiden Halbkreisen.

Bei der Meditation stellt man sich nacheinander in allen sieben Hauptchakren den inneren Mann und die innere Frau vor. Sie sitzen zunächst nackt im Lotussitz voreinander auf der Chakra-Lotusblüte. Dann rücken sie zueinander. Schließlich setzt sich die Frau auf den Schoß des Mannes, schlingt ihre Beine um den Unterleib des Mannes und vereint sich mit ihm.

Es ist durchaus förderlich, die erotische Spannung dieser Vereinigung zu spüren – man sollte diese Spannung einfach halten und so lange genießen wie man möchte. Irgendwann löst sich diese Spannung in ein Leuchten und Strahlen auf – dann ist die Lebenskraft bei der Seele, in der Sushumna, im Herzchakra angekommen.

IV 5. c)   Die Einweihungsrituale des Golden Dawn

Die Einweihungsrituale des Golden Dawn sind komplexe Zeremonien, die auf dem kabbalistischen Lebensbaum aufbauen. Wenn man eine Neigung zur Ritualmagie hat, können diese Einweihungsrituale einen großen Impuls geben, aus seiner Seele heraus zu leben.

Diese Rituale sind für eine Gruppe von Magier ausgelegt, die die verschiedensten Rollen innehaben, aber man kann diese Rituale auch alleine durchführen und dabei ständig von einer Rolle zur anderen wechseln.

IV 5. d)   Barfuß gehen

Das ist eine sehr schlichte, aber effektive Übung. Sie hat mindestens zwei Wirkungen: Man wird durch die Aufmerksamkeit auf die Fußsohlen im Hier und Jetzt präsenter und man verbindet sich mit der Erde.

Beides fördert auch die Selbsterkenntnis und den Selbstausdruck.

IV 5. e)   Yoga und Sport

Manchmal sind auch Hatha-Yoga, Sport, Wandern, Schwimmen, Kampfsport u.ä. hilfreich – insbesondere dann, wenn man den eigenen Körper nicht wirklich bewußt hat oder ihn als einen Fremdkörper ansieht, in dem man sich befindet.

IV 5. f)   Der Gärtner

Generell ist die Haltung des Gärtners förderlich: freundlich zu sich selber sein; sich Zeit lassen; „gießen" und „Unkraut jäten"; die Dinge wachsen lassen; die Eigen-dynamik fördern; bei dem sein, was gerade ist, aber auch die Entwicklungsmöglich-keiten nicht aus den Augen verlieren …

V Das Strahlen

Das Ziel ist das Strahlen: der hemmungslose Selbstausdruck, der durch keinerlei innere Widersprüche behindert wird. Jede Situation ist eine Gelegenheit auszudrücken, wer man ist.

V 1. Licht: Der Lebenstanz

Das eigene Leben tanzen, das eigene Lied singen, das eigene Licht strahlen lassen, den Qualitäten der eigenen Seele in der Welt durch die eigenen Taten eine Gestalt geben – was gibt es sonst noch zu tun?

V 2. Feuer: Entfaltung

Im Handeln von der Quelle her, aus dem Samen heraus konstant sein, aber sich von der Form her ständig verwandelnd – zu immer größeren, leuchtenderen Versionen.

V 3. Luft: Das Lebenslied

Schreiben Sie einmal auf, was Sie über sich wissen – den Namen Ihrer Seele, ihr Krafttier, Ihren Aszendenten, Ihre Vorliebe für ein bestimmtes Musikinstrument, Ihre Treue in Freundschaften, Ihren Mut – was auch immer. Lassen Sie sich Zeit, möglichst viele Dinge zu finden, von denen Sie von ganzem Herzen sagen können, daß diese Aussage stimmt, daß sie das beschreibt, was Sie wirklich sind.

Fassen Sie dies in einfache Sätze wie „Ich bin …" oder „Ich tue …". Reihen Sie diese Sätze so hintereinander, daß Ähnliches beieinander steht. Daraus kann sich eine „Hymne an mich selber" entwickeln.

Lesen Sie diese „Hymne an Sie selber" laut vor – zunächst am besten ohne Zuhörer, später dann evtl. auch einem Freund oder einer Freundin.

Es lohnt sich.

V 4. Wasser: Die Selbstliebe

Nehmen Sie sich Zeit, sich selber zu lieben – einfach in sich hinein zu spüren, sich selber zu spüren, das Strahlen im Herzen zu spüren, die Quelle Ihres Egoismus … eben die Selbstliebe, die Sie hat entstehen lassen.

Das ist etwas, was man besser fühlen als beschreiben kann …

V 5. Erde: Leben

Sei Dir selber treu … lebe Dein Leben … und es wird gedeihen.

Bücher von Harry Eilenstein

Astrologie

- Astrologie (496 S.)
- Photo-Astrologie (428 S.)
- Die astrologischen Aspekte (88 S.)
- Horoskop und Seele (120 S.)

Magie

- Handbuch für Zauberlehrlinge (408 S.)
- Telepathie für Anfänger (60 S.)
- Telepathie für Fortgeschrittene (52 S.)
- Telekinese für Anfänger (52 S.)
- Lebenskraft für Anfänger (60 S.)
- Hypnose für Anfänger (56 S.)
- Tarot (104 S.)
- Physik und Magie (184 S.)
- Die Magie-Formel (156 S.)
- Krafttiere – Tiergöttinnen – Tiertänze (112 S.)
- Schwitzhütten (524 S.)

Meditation

- Der Lebenskraftkörper (230 S.)
- Die Chakren (100 S.)
- Das Chakren-System mit den Nebenchakren (296 S.)
- Meditation (140 S.)
- Drachenfeuer (124 S.)
- Reinkarnation (156 S.)
- einsgerichtet (140 S.)

Kabbala

- Kursus der praktischen Kabbala (150 S.)
- Eltern der Erde (450 S.)
- Blüten des Lebensbaumes:
    - Die Struktur des kabbalistischen Lebensbaumes (370 S.)
    - Der kabbalistische Lebensbaum als Forschungshilfsmittel (580 S.)
    - Der kabbalistische Lebensbaum als spirituelle Landkarte (520 S.)

Religion allgemein

- Die sieben Schritte des Lebens (428 S.)
- Muttergöttin und Schamanen (168 S.)
- Göbekli Tepe (472 S.)
- Totempfähle (440 S.)
- Christus (60 S.)
- Dakini (80 S.)
- Vajra (76 S.)

Ägypten

- Hathor und Re 1: Götter und Mythen im Alten Ägypten (432 S.)
- Hathor und Re 2: Die altägyptische Religion – Ursprünge, Kult und Magie (396 S.)
- Isis (508 S.)

Indogermanen

- Die Entwicklung der indogermanischen Religionen (700 S.)
- Wurzeln und Zweige der indogermanischen Religion (224 S.)

Germanen

- Die Götter der Germanen (87 Bände)
- Odin (300 S.)

Kelten

- Cernunnos (690 S.)
- Der Kessel von Gundestrup (220 S.)
- Der Chiemsee-Kessel (76)

Psychologie

- Über die Freude (100 S.)
- Das Geheimnis des inneren Friedens (252 S.)
- Das Beziehungsmandala (52 S.)
- Gefühle und ihre Verwandlungen (404 S.)
- einsgerichtet (140 S.)
- Liebe und Eigenständigkeit (216 S.)
- Von innerer Fülle zu äußerem Gedeihen (52 S.)
- Die Symbolik der Krankheiten (76 S.)

Kunst

- Herz des Tanzes – Tanz des Herzens (160 S.)

Drama

- König Athelstan (104 S.)

Die Themen der 87 Bände der Reihe „Die Götter der Germanen"

1. Die Entwicklung der germanischen Religion
2. Lexikon der germanischen Religion
3. Der ursprüngliche Göttervater Tyr
4. Tyr in der Unterwelt: der Schmied Wieland
5. Tyr in der Unterwelt: der Riesenkönig   Teil 1
6. Tyr in der Unterwelt: der Riesenkönig   Teil 2
7. Tyr in der Unterwelt: der Zwergenkönig
8. Der Himmelswächter Heimdall
9. Der Sommergott Baldur
10. Der Meeresgott: Ägir, Hler und Njörd
11. Der Eibengott Ullr
12. Die Zwillingsgötter Alcis
13. Der neue Göttervater Odin   Teil 1
14. Der neue Göttervater Odin   Teil 2
15. Der Fruchtbarkeitsgott Freyr
16. Der Chaos-Gott Loki
17. Der Donnergott Thor
18. Der Priestergott Hönir
19. Die Göttersöhne
20. Die unbekannteren Götter
21. Die Göttermutter Frigg
22. Die Liebesgöttin: Freya und Menglöd
23. Die Erdgöttinnen
24. Die Korngöttin Sif
25. Die Apfel-Göttin Idun
26. Die Hügelgrab-Jenseitsgöttin Hel
27. Die Meeres-Jenseitsgöttin Ran
28. Die unbekannteren Jenseitsgöttinnen
29. Die unbekannteren Göttinnen
30. Die Nornen
31. Die Walküren
32. Die Zwerge
33. Der Urriese Ymir
34. Die Riesen
35. Die Riesinnen
36. Mythologische Wesen
37. Mythologische Priester und Priesterinnen
38. Sigurd/Siegfried
39. Helden und Göttersöhne
40. Die Symbolik der Vögel und Insekten
41. Die Symbolik der Schlangen, Drachen und Ungeheuer
42.a Die Symbolik der Herdentiere I
42.b Die Symbolik der Herdentiere II
43. Die Symbolik der Raubtiere

44. Die Symbolik der Wassertiere und sonstigen Tiere
45. Die Symbolik der Pflanzen
46. Die Symbolik der Farben
47. Die Symbolik der Zahlen
48. Die Symbolik von Sonne, Mond und Sternen
49.a Das Jenseits I – Das Hügelgrab
49.b Das Jenseits II – Der Jenseitsweg
50. Seelenvogel, Utiseta und Einweihung
51. Wiederzeugung und Wiedergeburt
52. Elemente der Kosmologie
53. Der Weltenbaum
54. Die Symbolik der Himmelsrichtungen und der Jahreszeiten
55.a Mythologische Motive I
55.b Mythologische Motive II
56. Der Tempel
57. Die Einrichtung des Tempels
58. Priesterin – Seherin – Zauberin – Hexe
59. Priester – Seher – Zauberer
60. Rituelle Kleidung und Schmuck
61. Skalden und Skaldinnen
62 Kriegerinnen und Ekstase-Krieger
63. Die Symbolik der Körperteile
64.a Magie und Ritual I
64.b Magie und Ritual II
64.c Magie und Ritual III
65. Gestaltwandlungen
66.a Magische Angriffs-Waffen
66.b Magische Verteidigungs-Waffen
67. Magische Werkzeuge und Gegenstände
68. Zaubersprüche
69. Göttermet
70. Zaubertränke
71. Träume, Omen und Orakel
72. Runen
73. Sozial-religiöse Rituale
74. Weisheiten und Sprichworte
75. Kenningar
76. Rätsel
77. Die vollständige Edda des Snorri Sturluson
78. Frühe Skaldenlieder
79.a Mythologische Sagas I
79.b Mythologische Sagas II
80. Hymnen an die germanischen Götter